아름다운 지구

뉴턴이 발표한 〈자연 철학의 수학적 논리〉는 만유 인력의 법칙을 설명할 뿐만 아니라,
뉴턴의 운동 법칙을 통해 고전 역학을 완성한 명저로 뽑힙니다.
그뿐만 아니라 뉴턴은 반사 망원경을 만들고, 미적분법을 만들기도 하였습니다.
또한 1704년에는 〈광학〉이라는 저서에서 빛의 입자설에 관해 자세히 설명하는 등
불후의 업적을 남긴 근대 과학의 건설자입니다.

만유인력을 발견한 과학자 · 뉴턴

추천 | 한국아동문학연구회
1982년에 창립된 한국아동문학연구회는 아동 문학가 엄기원 선생님을 비롯,
우리 나라 아동 문학에 커다란 영향을 끼친 작가분들로 이루어진 단체입니다.
한국아동문학연구회에서는 신인 아동 문학가 발굴과 동화 구연 대회 및 여러
세미나를 통해 우리 나라 아동 문학 발전에 큰 기여를 하고 있습니다.

감수 | 김동철(현 안성 죽산 초등학교 교사) · 박홍남(현 상인천 초등학교 교사)
이대효(현 동대전 초등학교 교감) · 정승천(현 안산 석호 초등학교 교사)
정필성(현 수원 연무 초등학교 교사) · 조평섭(현 광주 본촌 초등학교 교사)

글 | 정지혜
문예 창작을 공부하고, 지금은 좋은 책을 만드는 회사
비단 구두에서 작가로 활동하고 있습니다.

그림 | 안준석
한국 출판 미술가 협회 회원으로, 회화를 공부하였습니다.
프리랜스 일러스트레이터로 활동하며, 작품으로는 〈선녀와 나무꾼〉,
〈뱀왕을 물리친 파리둔〉, 〈호랑이 꿀떡〉, 〈코끼리 코는 왜 길어졌을까〉,
〈마더 테레사〉, 〈도둑은 누구일까〉, 〈세 가지 지혜로운 행동〉, 〈세 친구〉 등이 있습니다.

펴낸이 | 이대철 **펴낸곳 |** (주)한국슈바이처
기획편집 총괄 | 김학훈 **편집 진행 |** 이철민 **편집 |** 지민이 · 강은일
디자인 책임 | 오영희 **디자인 |** 이하나
주소 | 경기도 하남시 신장동 564-3 새하남 B/D 8F **대표전화 |** (031)793-1618
전송 | (031)793-6841 **출판등록번호 |** 2001년 5월 17일 2009-45172호
고객 상담전화 | 080-232-1618 **홈페이지 |** www.skkidbook.co.kr

자료 협조
AFP Photos, Corbis Corporation, EURO PHOTO SERVICE CO., LTD,
Getty Images, Graphic Communication Network, Q-vision, LEGO Group,
John Foxx Digital Vision Co., Ltd, United Nations, Yonhap Photo

- 사진 저작물의 초상권자와 저작권자를 찾지 못한 일부 사진에 대해서는
  확인되는 대로 동의를 받겠습니다.

ⓒ Korea Schweitzer Co., Ltd.
이 책에 실린 글과 그림의 일부 또는 전부를 무단 복제하거나 전산 장치에
저장하거나 전파할 수 없습니다.

⚠ 주의 책의 모서리가 뾰족해서 던지거나 떨어뜨리면 다칠 우려가 있으니 주의하십시오.

잘못 만들어진 책은 바꾸어 드립니다.   Printed in Korea

만유인력을 발견한 과학자

뉴턴

글 정지혜 | **그림** 안준석
감수 김동철(안성 죽산초교 교사 외)

(주)한국슈바이처

"아이작, 너는 태어날 때 컵 속에 들어갈 만큼 아주 작았단다. 그리고 너무 허약해서 얼마 못 살 거라고 했는데, 어느덧 이렇게 자랐구나."
하고 어머니가 아이작의 머리카락을 쓰다듬어 주었어요.
아이작은 흘러내리는 눈꺼풀을 참으려고 애를 썼어요.
잠이 들면, 어머니가 어디론가 떠날까 봐 두려웠거든요.
아버지는 아이작이 태어나기도 전에 세상을 떠났어요.
그리고 어머니는 아이작이 세 살 되던 해, 이웃 마을에 사는 스미스 목사와 재혼[*]했어요. 이렇게 해서 아이작은 고아 아닌 고아가 되어 외할머니의 손에서 자라게 되었답니다.

*재혼 : 두 번째의 혼인.

아이작은 나무에 올라가 어머니가 사는 이웃 마을을 바라보았어요.
'엄마는 내가 보고 싶지도 않은가 봐.'
그러나 언제부터인지 아이작은 바람에 따라 빙글빙글 돌아가는 풍차*,
길어졌다 짧아지는 그림자 등을 관찰하는 데 빠졌어요.
아이작은 손재주가 매우 좋았어요.
그래서 해시계를 만들기도 하고, 나무를 깎아 물레방아를 만들기도 했어요.
이처럼 무엇인가를 만드는 일에 몰두*하다 보면, 슬픈 마음이 사라지곤 했지요.

*풍차 : 바람의 힘을 기계적인 힘으로 바꾸는 장치.
*몰두 : 어떤 일에 온 정신을 다 기울여 열중함.

아이작이 열한 살 되던 어느 날이었어요.
스미스 목사가 세 아이를 남기고 세상을 떠났어요.
그러자 어머니는 세 아이와 함께 집으로 돌아왔어요.
아이작은 어머니와 세 아이들을 쏘아보며 이렇게 생각했어요.
'나를 버리고 떠난 엄마도 밉고, 엄마를 빼앗아 간 쟤들도 미워.'
아이작은 동생도, 어머니도 미웠어요.
그 뒤부터 아이작은 툭 하면 동네 아이들과 싸움을 하기 일쑤였어요.
'아이작이 나 때문에 비뚤어져 가고 있어. 이제부터라도
아이작에게 더 큰 사랑을 느낄 수 있도록 해 주어야겠어.'
얼마 후, 아이작은 킹스 왕립 중학교에 입학했어요.

킹스 왕립 중학교는 집에서 멀리 떨어져 있었어요.
그래서 아이작은 약사, 클라크 씨의 집에서 하숙*을 했지요.
아이작은 학교에서는 수학과 외국어를 공부했고,
집으로 돌아오면 다락방에서 여러 가지 물건을 만들었어요.
어느 날, 아이작은 클라크 씨에게 해시계와 물시계, 풍차를 만들어 주었어요.
"아이작, 네가 만들어 준 것들을 보기 위해 손님들이 부쩍 늘었단다.
특히 풍차 덕분에 우리 약국이 '풍차가 있는 약국'이라는 새 이름이
붙을 정도로 명물*이 되었어."
클라크 씨는 솜씨 좋은 아이작을 보며 싱글벙글 웃었어요.

*하숙 : 일정한 방세와 식비를 내고 남의 집에 머물면서 숙식함.
*명물 : 남다른 특징이 있어 인기 있는 사람을 이르는 말.

시나브로

뉴턴이 만든 해시계

뉴턴이 만든 해시계는 그림자의 움직임으로 시간의 흐름을 알 수 있게 해 주는 장치이며, 이런 원리를 스스로 깨우쳐 직접 돌을 쪼아 만들었어요.

그러던 어느 날, 어머니가 아이작을 집으로 불렀어요.
"아이작, 열심히 공부하는 네게 이런 말을 하기가 미안하구나."
"……."
"다름이 아니고 일손이 모자라서 그러니 학교를 그만두고
농사일을 배웠으면 한다."
어머니는 집으로 돌아온 아이작에게 농사일을 가르쳤어요.
농사일을 하면서도 아이작의 머릿속엔 공부하고 싶다는 생각뿐이었어요.
하루는 아이작이 양떼를 몰고 밖으로 나간 사이,
교장 선생님이 어머니를 찾아왔어요.
"아이작은 재능 있는 학생입니다. 그러니, 공부를 계속할 수 있도록
해 주십시오. 등록금과 하숙비는 제가 책임지겠습니다."
교장 선생님의 끈질긴 설득에 결국 어머니도 손을 들고 말았어요.

다시 학교로 돌아온 아이작은 그 누구보다 열심히 공부했어요.
이러한 노력 덕분에 아이작은 케임브리지 대학에 합격했어요.
"아이작 뉴턴입니다. 잘 부탁드리겠습니다."
아이작의 인사를 받은 배로 교수는
"자네는 무엇을 공부하고 싶은가?"
하고 물었어요.
"저는 물체의 운동이나 빛에 관해 공부하고 싶습니다."
"내 도움이 필요하면 언제든지 찾아오게."
배로 교수의 말에 아이작은 너무 고마워 어쩔 줄 몰라 했어요.
하루는 배로 교수가 아이작을 찾아와 책 한 권을 건네었어요.
"아이작, 갈릴레이의 〈천문 대화〉를 한 번 읽어 보게.
자네가 하려는 공부에 많은 도움을 줄 걸세."
그 후에도, 아이작은 여러 학자들이 쓴 책에 푹 빠졌어요.

시나브로

갈릴레이는 지구가 돌고 있다는 주장을 한 코페르니쿠스의 이론을 발전시켜 천체의 운동에 대해 밝힌 과학자입니다. 뉴턴은 이 때 천체를 움직이는 힘에 대해 관심을 갖게 되었어요.

갈릴레이

무서운 흑사병*이 돌아 대학이 문을 닫자,
아이작 뉴턴은 고향으로 내려와야 했어요.
하지만 흑사병도 뉴턴의 연구를 막을 수는 없었어요.
'달은 왜 지구를 도는 걸까? 어떤 힘이 우주에 작용하는 걸까?'
뉴턴은 산책을 하면서도 끊임없이 생각하고 또 생각했어요.
그러던 어느 날, 사과나무 아래에서 책을 읽던 뉴턴의 발 앞에 사과가 '툭' 떨어졌어요.
사과를 주워 든 뉴턴이 벌떡 일어나며 이런 생각을 했어요.
'사과는 왜 아래쪽으로 떨어지는 걸까?
옆으로 떨어질 수도 있고, 위로 날아갈 수도 있는데······.'
갑자기 뉴턴의 머릿속에 번개처럼 스치는 것이 있었어요.
'그건 지구가 사과를 끌어당기고 있기 때문이야!' 뉴턴의 가슴이 뛰었어요.

*흑사병 : 유럽 사람들의 삼분의 일이나 죽게 만들었던 무서운 전염병입니다.

"지구가 사과를 끌어당기듯이, 지구가 운동하려고 하는 달을
끌어당기고 있는 것은 아닐까? 다만, 달이 지구로 떨어지지
않는 것은 떨어지지 않을 만큼의 속도로 움직이고 있기 때문일 거야.
그렇다면, 지구가 태양의 주위를 도는 것은 태양이 끌어당기기
때문일 거야. 태양이나 지구에 끌어당기는 힘이 있다면, 분명 달에도
있을 거고. 모든 물체는 다 끌어당기는 힘이 있어. 단지, 작은
물체에 비해 큰 물체의 끌어당기는 힘이 큰 것뿐이야."
뉴턴은 사과를 든 채 나무 아래를 왔다갔다하며 혼잣말을 했어요.
마침내 수많은 학자들이 오랜 세월에 걸쳐 고민했던
만유인력*의 비밀이 뉴턴에 의해 밝혀진 거예요.

*만유인력 : 모든 물체가 서로 끌어당기는 힘.

전 유럽을 폐허*로 만들었던 흑사병이 지나가자
뉴턴은 다시 대학으로 돌아가 예전처럼 연구에 매달렸어요.
어느 날, 배로 교수가 뉴턴을 불렀어요.
"뉴턴, 내 뒤를 이어 루커스 강좌를 맡아 주게."
루커스 강좌는 학교에서 가장 뛰어난 교수가 맡는 명예로운 수업이었어요.
스물일곱 살의 젊은 뉴턴이 그 영예를 차지한 거예요.
그 후, 뉴턴은 빛과 수학에 대해 강의했어요.
하지만, 뉴턴의 수업은 너무 어려워 학생들에게는 인기가 없었답니다.

*폐허 : 건물이나 성 따위가 파괴되어 황폐하게 된 터.

뉴턴은 빛과 색에도 관심이 많았어요.
뉴턴이 만든 반사 망원경은, '기적의 망원경'이라고 불릴 정도로 뛰어났지요. 뉴턴은 그 동안 빛에 대해 연구했던 내용들을 여러 과학자들 앞에서 발표했어요.
"우리가 보는 햇빛은 흰색으로 보이지만, 사실 빨강, 주황, 노랑, 초록, 파랑, 남색, 보라 등 일곱 개의 빛깔이 합쳐진 것입니다. 프리즘*을 통해 보면 그 사실을 알 수 있습니다."
"뉴턴, 정말 수고했네."
"젊은 나이에 이렇게 대단한 걸 발견하다니!"
뉴턴의 말을 들은 과학자들은 고개를 끄덕였지요.

*프리즘: 두 개 이상의 광학적 평면을 가진 기둥 모양의 투명체로, 빛의 분광(빛의 파장의 차이에 따라 여러 색으로 나뉘어 나타나는 현상), 굴절률의 측정, 빛의 방향을 변환하는 데 쓰입니다.

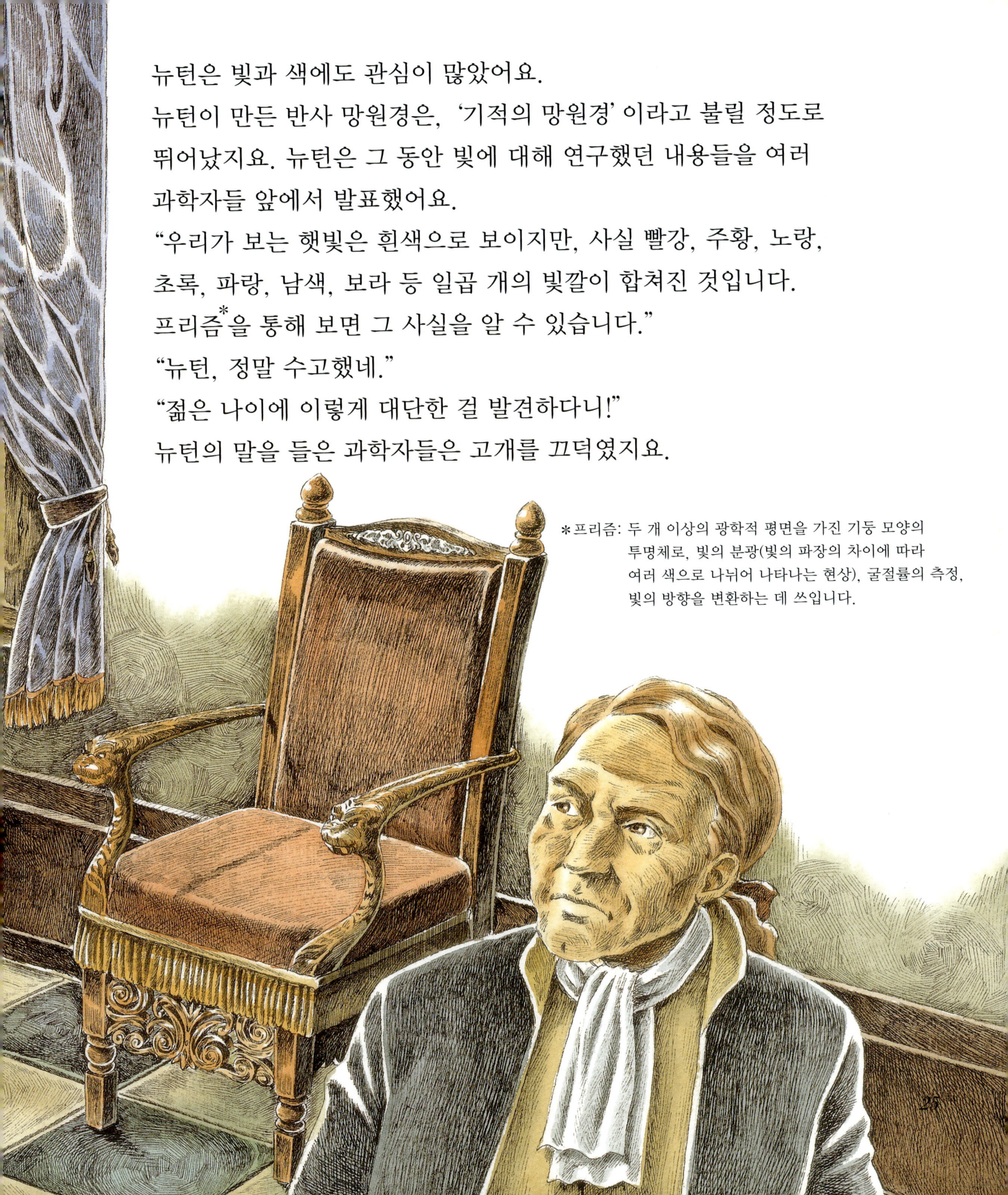

과학자들 중에는 뉴턴의 학문적 업적을 질투하는 사람들도 있었어요.
특히, 후크는 사사건건 시비를 걸었지요.
"쳇, 대단한 발견을 한 것도 아닌데 마치 자기가 가장 잘난 줄 아는 모양이군."
언제나 한 발 앞서 가는 뉴턴이 후크를 화나게 했던 거예요.
라이프니츠와는 누가 먼저 미분법*을 발견했느냐를 두고 오랫동안 싸워야 했어요.
"이건 내가 예전에 발견한 거야."
"뉴턴, 발표를 하지 않으면 무슨 소용이 있나?"
과학자들과 실랑이하는 동안 뉴턴은, 점점 우울한 성격으로 변해 갔어요.

*미분법 : 수학자들을 골치 아프게 했던 복잡한 수학을
　　　　간단하게 풀 수 있도록 만든 풀이 방법이랍니다.

사람들 사이에서 뉴턴이 이상해졌다는 소문이 퍼졌어요. 주변 사람들에게 이유 없이 화를 내고 말도 안 되는 내용의 편지를 보낸다는 거예요. 한동안 뉴턴은 연금술*에 빠져 지내기도 했어요.
"정말 웃기는 일이야. 과학자가 금을 얻겠다고 마술을 하다니!"
사실, 뉴턴은 금을 얻기 위해 연금술을 한 게 아니었어요. 우주를 이루는 모든 물질과 자연의 법칙을 밝히고 싶었던 거예요. 그러나 연금술은 성공하지 못했고, 마음의 상처는 더욱 깊어 갔어요.

*연금술 : 고대 이집트에서 시작되어 아라비아를 거쳐 중세 유럽에 전해진 원시적 화학 기술. 구리·납·주석 등의 비금속으로, 금·은 따위의 귀금속을 제조하고, 나아가서는 늙지 않는 약을 만들려고 한 화학 기술로, 고대 이집트의 야금술과 그리스 철학의 원소 사상이 결합되어 생겼어요.

1703년, 뉴턴과 사이가 좋지 않았던 후크가 세상을 떠나자,
그 뒤를 이어 뉴턴이 왕립 학회의 회장이 되었어요.
'재정은 바닥났고, 회원 수는 줄고 있군.
그래, 내가 왕립 학회를 새롭게 바꿔 보겠어!'
뉴턴은 왕립 학회의 전용 건물을 짓고 국제적인 단체로
만들기 위해 외국인 회원 수도 늘렸어요.
뉴턴의 노력으로 왕립 학회는 튼튼한 단체로 거듭났어요.
또, 빛에 관련된 논쟁을 마무리 짓기 위해 〈광학〉이라는 책을 출판했어요.
이 책은 이론을 실험으로 증명했다는 점에서 오래도록 빛나는 책이 되었지요.

시나브로

뉴턴은 〈프린키피아〉와 〈광학〉이라는 책을 펴냈어요. 〈프린키피아〉는 뉴턴이 만유인력의 법칙을 완성한 뒤 쓴 책입니다. 이 책 덕분에 혜성과 천체의 움직임을 예측할 수 있게 되었어요.

〈프린키피아〉

뉴턴이 예순세 살 되던 해였어요.
앤 여왕은 뉴턴의 과학적 업적을 높이 기려 기사 작위를
내려주었어요. 이제, 뉴턴은 '아이작 뉴턴 경'이 된 거예요.
그 후에도 뉴턴은 새로운 과학적 진실을 알아 내기 위해
끊임없이 연구를 했지요.
뉴턴은 세상을 떠나기 얼마 전 이런 말을 했대요.
"나는 넓은 진리의 바다 앞에 서 있는 작은 소년입니다.
바다는 나에게 아무것도 가르쳐 주지 않았지만,
나는 예쁜 돌멩이 하나를 발견하고 무척 기뻤습니다.
그게 바로, 제 인생입니다."
뉴턴의 말 속에는 진리를 향한 열정이 숨어 있어요.
만유인력을 발견한 아이작 뉴턴은,
암흑과도 같았던 시대에 근대 과학의 문을
활짝 연 위대한 과학자랍니다.

뉴턴 생활사 박물관

| 사과는 왜 땅으로 떨어지는가? |

사과나무 밑에서 책을 읽고 있던 뉴턴의 발 앞에 갑자기 사과가 떨어졌어요.
물끄러미 사과를 바라보던 뉴턴은 깊은 생각에 빠졌어요. '왜 사과가 땅으로 떨어질까?
하늘로 올라갈 수는 없을까? 그럼 왜 해와 달은 땅에 떨어지지 않는걸까?'
꼬리에 꼬리를 물고 이어진 호기심으로 인해 마침내 뉴턴은 '만유 인력의 법칙'을 밝혀 낼 수 있었습니다.

▲ 뉴턴의 생가

▲ 어린 시절의 뉴턴

▲ 빛의 운동을 연구하고 있는 뉴턴

▲ 뉴턴의 생가에 걸려 있는 뉴턴 사진

▲ 뉴턴의 초상화

▲ 뉴턴이 개발한 반사 망원경

· 인물 파노라마

미적분의 발견과 라이프니츠

뉴턴은 대학에 다닐 때 미적분을 발견했지만,
세상에 발표하지는 않았답니다.
그런데 독일의 수학자 라이프니츠가 뉴턴보다 앞서
미적분을 발견했다고 발표했어요.
나중에 발견하긴 했지만 라이프니츠가 뉴턴의 생각을
훔친 것은 아니에요. 앞에서 말했듯이 뉴턴은 자신의 발견을
발표하지 않았으니까요.
하지만 뉴턴을 따르는 몇몇의 사람들이 미적분은
뉴턴이 알아 낸 것이라고 따졌어요.
라이프니츠는 뉴턴을 베낀 것이 아니라고 대답했지요.
불 같은 성격을 가지고 있었던 뉴턴은 마구 화를 냈답니다.
그리고 둘은 미적분의 발견을 두고 계속된 싸움을 벌였어요.
이 싸움은 라이프니츠가 죽을 때까지 끝나지 않았어요.
미적분은 뉴턴이 먼저 발견했고,
라이프니츠는 나중에
스스로 발견한 것이 맞아요.
그러나 지금은 뉴턴의 것보다 더 쉬운
라이프니츠의 미적분 계산법을
쓰고 있답니다.

▲ 미적분 계산법을 이용해
분자의 운동을 재는 기구

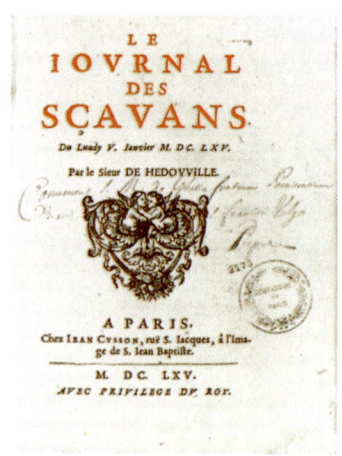
▲ 최초의 과학 잡지라 할 수 있는 〈철학회보〉

▲ 스코틀랜드 수학자 네피어가 만든 17세기 계산기

▲ 천문학자 크란차가 만든 16세기 해시계

▲ 17세기 말 유럽에서 만들어진 해시계

◀ 분자의 운동이 열로 바뀌는 과정을 측정하는 기계

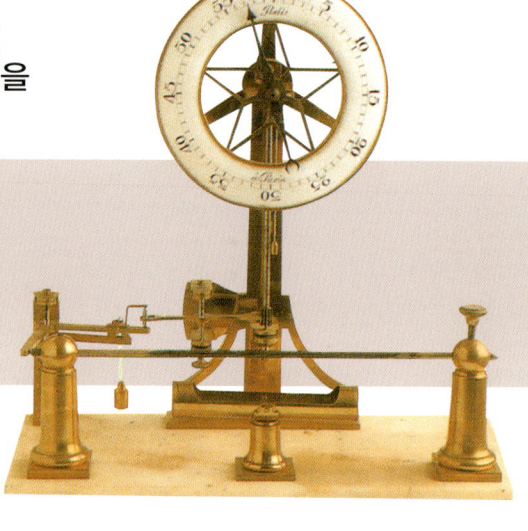
▲ 분자의 운동을 재는 기계

▲ 힘의 원리를 설명하는 프린키피아 속의 삽화

▲ 태양열 모으기를 실험으로 설명하는 뉴턴

▲ 17세기 영국 과학자들의 좌담회

▲ 물레방아

뉴턴은 어렸을 때 나무를 깎아 물레방아를 만들어 힘의 원리를 알았다고 해요.

컴퍼스를 돌리는 손잡이
제도용 연필
중심 축
타원 컴퍼스로 그려진 타원

▲ 뉴턴이 사용한 컴퍼스

▲ 뉴턴의 기념 우표들

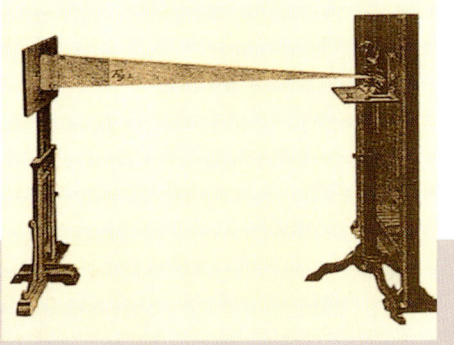

▲ 뉴턴의 광학 실험 기계

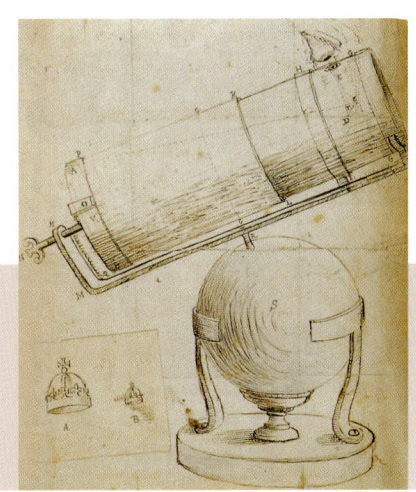

◀ 뉴턴의 노트
반사 망원경 설계도와 망원경으로 본 물체를 각도에 따라 스케치했어요.

◀ 뉴턴이 발명한 해시계

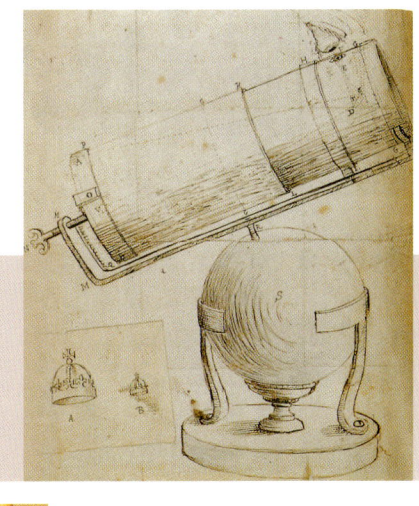

▲ 〈프린키피아〉
역사상 가장 위대한 과학 업적으로 알려진 책이에요.

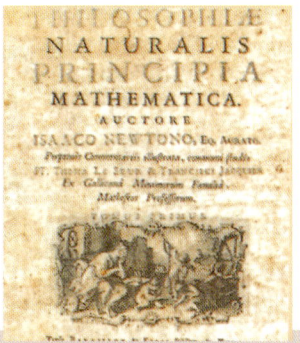

◀ 〈프린키피아〉의 표지

▲ 뉴턴이 직접 교정을 본 〈프린키피아〉

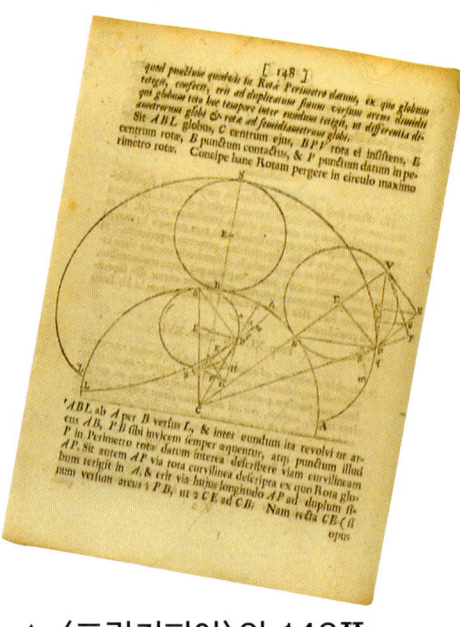

▲ 〈프린키피아〉의 148쪽
기하학을 바탕으로 우주의 구조를 그렸어요.

인물 이야기 속 세계로의 초대

| 반사 망원경 |

최초의 망원경은 1608년에 발명되었지만, 갈릴레이가 이 망원경을 이용해 물체의 크기가 훨씬 크게 보이는 굴절 망원경을 만들었어요. 1670년대 초 뉴턴은 갈릴레이의 굴절 망원경보다 훨씬 성능이 좋은 새로운 형태의 망원경을 만들었어요. 뉴턴은 새로운 망원경의 두꺼운 통 한쪽에 반사경을 장치해 굴절 망원경의 접안 렌즈와 마찬가지로 물체의 실제 크기보다 훨씬 커 보이게 했어요. 뉴턴은 이 망원경을 '반사 망원경'이라고 불렀는데, 직접 렌즈를 갈고 거울 모양을 다듬었어요. 또, 망원경의 통도 직접 만들었는데 어려서부터 장난감이나 모형을 만들면서 능숙해진 손재주 덕분이었답니다.

반사 망원경

| 돈 만드는 과학자 뉴턴 |

과학자 뉴턴은 친구인 찰스 몬터규의 도움으로 조폐국에서 일을 한 적이 있었어요. 조폐국은 돈을 만드는 곳이지요. 뉴턴이 조폐국에서 한 일은 헌 동전을 수거하고 새 동전을 찍어 내는 일이었어요. 헌 동전은 위조하기 쉬워서 나쁜 사람들은 동전을 위조해서 사용하곤 했어요. 이런 위조 동전 때문에 영국 정부는 골치를 썩었답니다. 뉴턴은 새 동전을 만들면서 위조할 수 없도록 여러 가지 장치를 마련해 두었어요. 동전을 보면 옆 면에 홈이 파여 있는 것을 볼 수 있지요. 이것도 뉴턴이 생각해 낸 위조 방지 장치 중의 하나랍니다. 위조하기 어려운 새 동전을 만드는 일이 순조롭게 진행되자 뉴턴은 동전을 위조한 사람들을 잡아들이기 시작했지요.

14세기의 돈 만들기

| 사과와 만유인력 |

뉴턴은 사과가 떨어지는 것을 보고 만유인력을 발견했지요.
우주에 떠 있는 지구에 사는 우리가 우주로 떨어지지 않고 서 있을 수 있는 것은 바로
이 힘 때문이에요. 지구 안에 있는 만유인력 이라는 힘이 뉴턴과 사과를,
그리고 우리를 끌어당기고 있거든요.
자석이 철을 끌어당기듯이 말이에요.
뉴턴이 발견한 만유인력 때문에 그 동안의 많은 수수께끼 같은 문제들이 풀렸어요.
밀물과 썰물은 왜 생길까요? 달은 어떻게 지구의 주위를 한결같이 돌 수 있을까요?
이것은 모두 만유인력 때문에 생기는 현상들이랍니다.

중력의 발견

| 케임브리지 대학교 |

케임브리지 대학교는 영국 최고의 대학 중 하나예요.
세계적인 명문 대학으로도 손꼽힐 만큼 훌륭한 대학교이지요.
뉴턴은 이 학교에서도 가장 큰 규모를 자랑하는 트리니티 칼리지에 들어가서
공부를 했답니다.
영국의 훌륭한 과학자나 유명한 정치가들 중에는 이 대학에서 공부했던
사람이 많아요.
다윈 같은 과학자도 있고, 밀턴이나 워즈워스 같은 시인들도
이 대학 출신이에요.
뉴턴은 케임브리지 대학교에서 공부를 했고, 나중에는 이 학교의 교수가 되어
오랫동안 학생들을 가르치고 연구했어요.
뉴턴이 케임브리지 대학교의 교수로 있는 동안 수학은 아주 많이 발전했고,
이 대학의 수학 연구 수준은 지금까지도 최고라고 여기고 있답니다.

뉴턴이 다녔던 케임브리지 대학교

• 생각해 볼까요 •

사과가 떨어지는 것을 보고 중력이 있다는 것을 알게 된 뉴턴.
그런데 전에는 사과가 떨어지는 것을 아무도 본 적이 없었던 걸까요? 그건 아니랍니다.
뉴턴은 눈앞에서 벌어진 일을 보고, '왜 그럴까?'라고 생각을 했기 때문에 깨닫게 된 거예요.
세상의 모든 일에는 다 이유가 있어요. 작은 일도 지나치지 않고, 왜 그럴까라는 생각을 더 하면,
우리는 더 많은 것을 알 수 있지 않을까요?

뉴턴의 생애

만유인력을 발견한 과학자
Isaac Newton

| 뉴턴의 생애 | | 1642년
울스소프에서 태어남 | 1665년
떨어지는 사과를 보고 만유인력을 발견
1669년
케임브리지 대학교의 수학 교수가 됨 |

1640년

| 그 무렵 우리는 | | 1653년
하멜 일행, 제주도 표착 | 1662년
제언사 설치 |

| 그 무렵 세계는 | 1640년
영국, 청교도 혁명
(~1660) | 1654년
영국·스페인 전쟁 | 1670년
마드리드 조약,
영국과 스페인의 식민지 경계 협정 |

윌리엄의 영국 토베이만 상륙

영국, 명예 혁명

1688년에 영국에서 피를 흘리지 않고 평화롭게 성공하였다고 해서 '명예 혁명'이라는 명칭이 붙게 되었어요. 제임스 2세의 가톨릭 부흥 정책에 반대하여 의회가 국왕을 추방하고, 왕의 큰딸 메리 2세와 그녀의 남편 오렌지공 윌리엄 3세를 공동 통치자로 정하였으며, 1689년에 권리 장전을 제정하고 의회 주권에 기초를 둔 입헌 왕정을 수립했어요.